Sabine Hirler

Weiche Tatze - Schmusekatze

Sabine Hirler

Weiche Tatze - Schmusekatze

Rhythmisch - musikalische
Lieder, Reime, Tänze und fantasievolle Spiele
für Kinder ab 2 Jahren
zum gemeinsamen Spielen
mit ihren Eltern, Großeltern und Freunden
im Hort, Kindergarten und Zuhause

IGEL-BUCH

1 2 3 01 00 99

Grafische Gestaltung: Gertrud Schrör
Titelillustration: Marlis Scharff-Kniemeyer
Lektorat: Rudi Mika
Notensatz: Alena Jacob
Texte und Kompositionen: Sabine Hirler

Printed in Germany
ISBN 3-89353-048-7

Einleitung

Spielangebote mit **Musik - Sprache und Bewegung faszinieren** kleine und größere Kinder auf einer ganz elementaren Ebene. Die Gefühle, die Neugierde, die Bewegungslust, das Sprechen und Singen und die Freude am gemeinsamen Tun werden auf kindgerechte und ganzheitliche Weise angesprochen und gefördert.

Es ist wichtig, sich schon früh im häuslichen Bereich mit kleinen Kindern musikalisch zu beschäftigen. Denn Musik und Bewegung fördert nicht nur die Intelligenz durch das Zusammenspiel der Hirnhälften, sondern auch die emotionale Bindung zwischen Kind und Eltern. In fröhlicher Atmosphäre zu Hause oder in Spielgruppen trainieren Lieder und Reime die "Sprechwerkzeuge" des Kindes, das heißt, ihre sprachliche Umsetzungsfähigkeit und das Gedächtnis. Zusätzlich unterstützen sie die Kinder in der Entwicklung der Motorik und der Wahrnehmung.

Alle Spiele in diesem Buch sind Vorschläge, die Sie mit eigenen Ideen erweitern oder verändern können. Lassen Sie Ihrer Fantasie freien Lauf. Einfache Gitarrengriffe über den Noten regen zum gemeinsamen Singen an.
Dabei können die Spiele mit einer Kindergruppe, aber auch zu zweit als Mutter/Vater-Kind - Spiel ausgeführt werden.

Innerhalb meines Unterrichtes in Rhythmisch-musikalischer Erziehung wurden die Lieder, Reime und Tänze von "Weiche Tatze - Schmusekatze" mit den Kindern gespielt und ausprobiert. Im Abschnitt "Zusammen spielen wir" beschreiben sie Stimmungen und Wahrnehmungen beim gemeinsamen Spielen im Tagesablauf und in Bezug zur Umwelt, die schon mit den kleinsten Kindern gespielt werden können. Alle Kinder schlüpfen mit viel Spaß in die Rolle von Tieren. Dieses Bedürfnis können sie in den zahlreichen Spielen "Von allerlei Tieren" ausleben. "In der großen Stadt" gibt es viel zu entdecken und gegen Ende darf es in der "Geisterstunde" etwas unheimlich zugehen. "Am Abend" zieht noch einmal der Tag vor dem inneren Auge vorbei und die Kinder schlummern beim "Traumzauber" ein.

Ich wünsche Ihnen viel Spaß und Freude am gemeinsamen Singen, Tanzen und Spielen.

Die Autorin

Inhaltsverzeichnis

Zusammen spielen wir

Von allerlei Tieren

In der großen Stadt

20. In der großen Stadt (Spiellied)
21. Im Stadtpark (Tanz/Bewegungsmusik)

Wie unheimlich!

22. Geisterstunde (Reim und Handgestenspiel)
23. Die Schlossgespensterchen (Spiellied)

Am Abend

24. Schribbel - schrabbel Zähneputzen (Spiellied)
25. Mein liebstes Kuscheltier (Spiellied)
26. Mein Kuscheltier will schlafen (Tanz/Bewegungsmusik)
27. Ich schlaf ein (Lied)
28. Traumzauber (Ruhemusik/Bewegungsmusik)

Zusammen spielen wir

Halli, halli, hallo! (Spiellied)

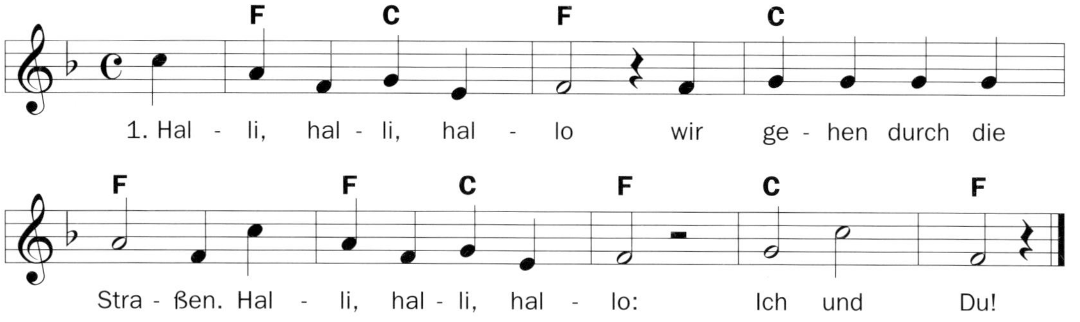

Die Kinder gehen kreuz und quer durch den Raum und singen gemeinsam das Lied. Bei "Ich und Du!" bilden sie Paare und bleiben stehen. Die Kinder zeigen bei "Ich" mit dem Zeigefinger auf sich selbst und bei "Du" – auf ihren Partner.

1.	
Halli, halli, hallo - wir gehen durch die Straßen.	*Durch den Raum spazieren.*
Halli, halli, hallo :	*Sich einen Partner suchen.*
Ich und	*Stehenbleiben und mit dem Zeigefinger auf sich, dann*
Du !	*auf den Partner zeigen.*
2.	
Halli, halli, hallo - wir schleichen durch die Gassen.	*Durch den Raum schleichen.*
Halli, halli, hallo : Ich und Du !	*Siehe oben.*
3.	
Halli, halli, hallo - wir kriechen durch den Tunnel.	*Auf dem Bauch kriechen.*
Halli, halli, hallo : Ich und Du !	*Siehe oben.*
4.	
Halli, halli, hallo - wir springen übern Graben.	*Über einen Fantasiegraben springen.*
Halli, halli, hallo : Ich und Du !	*Siehe oben.*
5.	
Halli, halli, hallo - wir klettern auf die Leiter.	*Auf eine Fantasieleiter klettern.*
Halli, halli, hallo : Ich und Du !	*Siehe oben.*
6.	
Halli, halli, hallo - wir stapfen durch die Wiese.	*Durch den Raum stapfen.*
Halli, halli, hallo : Ich und Du !	*Siehe oben.*

Spielvarianten : Weitere Ideen der Kinder aufnehmen. Zum Beispiel : "Wir trippeln wie ein Mäuschen", "Wir hüpfen alle seitwärts", "Wir tapsen wie die Bären", "Wir laufen heute Schlittschuh" und sich entsprechend dazu bewegen.

Fingerspiel: Jenny und Pit

Die Fäuste nebeneinander in Brusthöhe halten und die Daumen senkrecht nach oben strecken.

Das ist die Jenny	*Linker Daumen verbeugt sich.*
und das ist der Pit.	*Rechter Daumen verbeugt sich.*
Jenny rennt los und Pit hinterher.	*Gegenläufige Auf-und Abbewegungen in Brusthöhe, dabei die linke Faust (Jenny) etwas vor der rechten Faust (Pit) bewegen.*
"Doch wo ist die Jenny -	*Linker Daumen in die Faust stecken.*
ich seh sie nicht mehr."	*Rechter Daumen schaut sich suchend um.*
Die Jenny hat den Pit geneckt und hat sich schnell im Hof versteckt. Die Jenny läuft schon wieder los. Der Abstand wird jetzt riesengroß.	*Gegenläufige Auf- und Abbewegungen in Brusthöhe, dabei die linke Faust etwas vor der rechten Faust bewegen.*
Sie laufen auf die Wiese raus, doch Jenny geht sie Puste aus. Sie werfen sich ins weiche Gras. Zusammen spielen, das macht Spaß !	*Die Fäuste nebeneinander in Brusthöhe halten. Die Daumen waagrecht auf die Fäuste legen. Die Daumenspitzen berühren sich.*

Zeig, was du kannst (Spiellied)

Die Kinder fassen sich an den Händen und bilden einen Kreis. Sie singen und bewegen gemeinsam das Lied.

1.
II:Wir fassen uns jetzt an den Händen,
hüpfen dann im Kreis.:II
II: Geh* in den Kreis und zeig was du kannst.:II

II: Zeig, was du kannst,

was du kannst, was du kannst.:II

Sich an den Händen fassen und im Kreis hüpfen.
Auf ein Kind zeigen. Dieses geht in den Kreis.
Das Kind bewegt sich auf beliebige Weise und die anderen klatschen dazu.

2.
II:Wir laufen jetzt auf allen Vieren
rundherum im Kreis.:II
II: Geh* in den Kreis und zeig was du kannst.:II
II: Zeig, was du kannst,
was du kannst, was du kannst.:II

Alle laufen auf allen Vieren im Kreis.
Siehe oben.

3.
II:Wir schleichen wie die Indianer
rundherum im Kreis.:II
II: Geh* in den Kreis und zeig was du kannst.:II
II: Zeig, was du kannst,
was du kannst, was du kannst. :II

Alle schleichen wie die Indianer im Kreis.
Siehe oben.

4.
II: Wir rollen uns ganz klein
in unser Schneckenhäuschen ein.:II
II: Geh* in den Kreis und zeig was du kannst.:II
II: Zeig, was du kannst,
was du kannst, was du kannst. :II

Alle rollen sich am Boden ein.

Siehe oben.

** Es kann auch der Name eines Kindes genannt werden.*

Spielvariante : In der Kreismitte liegen verschiedene Instrumente. Zum Beispiel Trommeln, Rasseln, Heulschläuche, Töpfe mit Kochlöffeln usw. Ein Kind geht in die Kreismitte und spielt auf einem beliebigen Instrument. Die anderen Kinder klatschen dazu.

Turelli - tarelli (Abzählreim)

Tureli - tarelli - teiss,

die Anna steht im Kreis.

Die Kinder stehen im Kreis. Sie sprechen und klatschen im Sprechrhythmus des Reimes
Die Anna geht in den Kreis.

Ting - tang,
plim - plam,
tucke - tacke,
rucke - racke.

Anna zeigt mit jeder Silbe nacheinander auf die Kinder im Kreis

Schnippeli, schnappeli, schnaus -
und du bist
aus.

Das Kind, auf welches bei "aus" gezeigt wird, scheidet aus.

Mehrmals wiederholen, bis nur noch ein Kind übrig bleibt. Dieses kann z.B. als nächstes auszählen.

Die "Tsch - tsch Eisenbahn" (Spiellied)

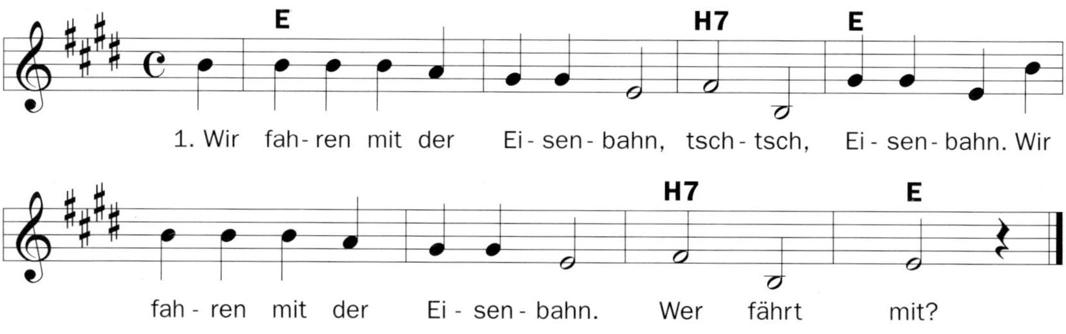

Die Kinder legen mit Matten, Seilen oder anderem Material zwei "Haltestellen" und einen "Bahnhof" auf den Boden. Dann stellen sich zwei Kinder als Eisenbahn hintereinander und das zweite Kind hält sich an den Schultern des ersten Kindes fest. Die anderen Kinder verteilen sich auf die "Haltestellen" und auf den "Bahnhof". Die Kinder singen und bewegen gemeinsam das Lied.

1.
Wir fahren mit der Eisenbahn,
tsch - tsch, Eisenbahn.
Wir fahren mit der Eisenbahn.
Wer fährt mit?

Die "Eisenbahn" zuckelt durch den Raum.

Die "Eisenbahn" hält an einer "Haltestelle" an und die Kinder "steigen ein"

2.
Wir wollen heut nach Holland fahr´n,
tsch - tsch, Holland fahr´n.
Wir wollen heut nach Holland fahr´n.
Du fährst mit.

Die "Eisenbahn" zuckelt durch den Raum.

Die "Eisenbahn" hält an der anderen "Haltestelle" an und die Kinder "steigen ein".

3.
Wir halten jetzt am Bahnhof an,
tsch - tsch, Bahnhof an.
Wir halten jetzt am Bahnhof an.
Fährst du mit?

Die "Eisenbahn" zuckelt durch den Raum.
Die "Eisenbahn" hält am "Bahnhof" an und die restlichen Kinder "steigen ein".

4.
Wir ruckeln, zuckeln durch die Welt,
tsch - tsch, durch die Welt.
Wir ruckeln, zuckeln durch die Welt.
Das macht Spaß!

Die vollbesetzte "Eisenbahn" zuckelt durch den Raum.

5.
Wir fahren immer schneller dann,
tsch - tsch, schneller dann.
Wir fahren immer schneller dann.
Halt dich fest!

Die "Eisenbahn" fährt immer schneller.

6.
Wir halten nun am Bahnhof an,
tsch - tsch, Bahnhof an.
Wir halten nun am Bahnhof an,
steigen aus.

Die "Eisenbahn" fährt immer langsamer.
Sie hält am "Bahnhof" an.
Alle Kinder steigen aus.

Ist die Haltestelle nach dem Beenden einer Strophe noch ein Stück weg, sprechen alle Kinder "Tsch - tsch - tsch - tsch...", bis die Haltestelle erreicht wird. Zusätzlich kann der Lokomotivführer (erstes Kind) eine Schildmütze auf dem Kopf tragen.

Das Lied von den Farben (Spiellied)

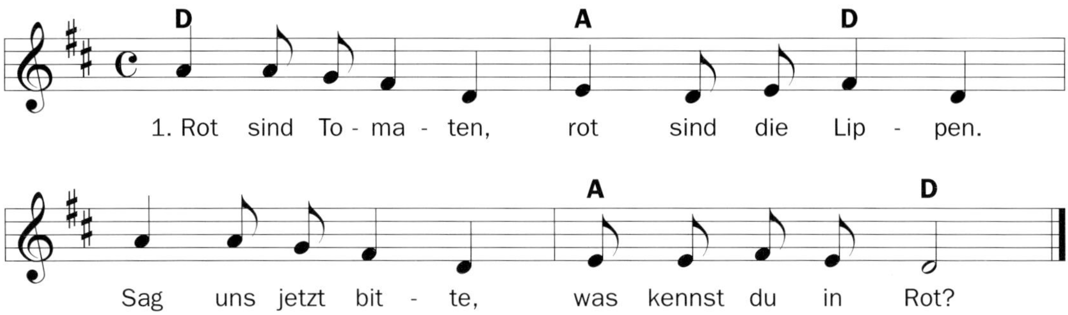

1.
Rot sind Tomaten, — *Mit den Händen eine Kugel bilden.*
rot sind die Lippen. — *Auf die Lippen tippen.*
Sag uns jetzt bitte, was kennst du in Rot ? — *Auf ein oder mehrere Kinder zeigen.*

Zum Beispiel: Meine Mütze,
mein Feuerwehrauto,
die rote Ampel, das Herz

2.
Gelb ist die Sonne, — *Die Hände mit ausgestreckten Fingern als Sonne über den Kopf halten.*
gelb ist das Feuer. — *Die Hände mit sich bewegenden Fingern von unten nach oben führen.*
Sag uns jetzt bitte, was kennst du in Gelb ? — *Auf ein oder mehrere Kinder zeigen.*

Zum Beispiel : Meinen Kanarienvogel,
das Postauto, die Banane, die Zitrone

3.
Grün ist der Wald und — *Die Hände zeichnen die Umrisse eines Baumes in die Luft.*
grün ist die Wiese. — *Hände streichen über den Boden.*
Sag uns jetzt bitte, was kennst du in Grün ? — *Auf ein oder mehrere Kinder zeigen.*

Zum Beispiel : Meinen Traktor,
das Polizeiauto, eine Gurke

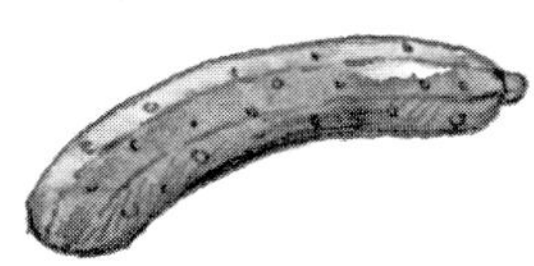

4.
Blau ist das Meer und — *Die Hände bewegen sich wie Wellen.*
blau ist der Himmel. — *Die Hände beschreiben über den Kopf einen Kreis.*

Sag uns jetzt bitte, was kennst du in Blau ? — *Auf ein oder mehrere Kinder zeigen.*

Zum Beispiel : Meine Jacke, unser Auto, das Schwimmbad

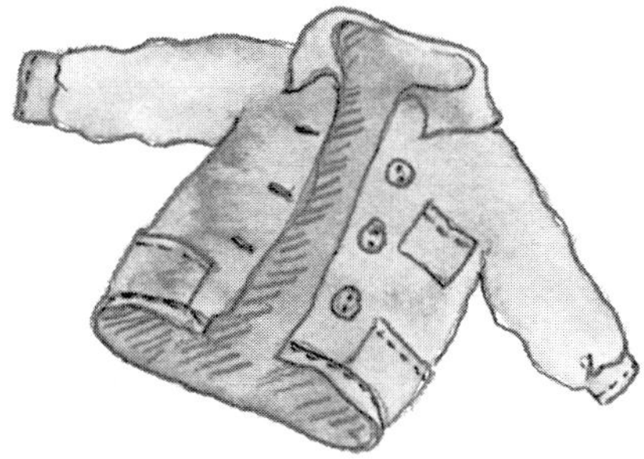

5.
Braun ist das Holz und — *Die Hände zeichnen die Umrisse einer Tanne in die Luft.*

braun ist die Erde. — *Die Hände streichen über den Boden.*
Sag uns jetzt bitte, was kennst du in Braun ? — *Auf ein oder mehrere Kinder zeigen.*

Zum Beispiel : Meinen Teddybär, die Flöte, ein Hase

6.
Weiß ist der Schnee und — *Die Hände mit leichten Fingerbewegungen in der Luft bewegen.*

weiß sind die Wolken. — *Die Hände zeichnen die Umrisse von Wolken in die Luft.*

Sag uns jetzt bitte, was kennst du in Weiß ? — *Auf ein oder mehrere Kinder zeigen.*

Zum Beispiel : Das Hochzeitskleid, die Wand, ein Blatt Papier

Von allerlei Tieren

Raus aufs Land (Reim und Bewegungsspiel)

Die Kinder sitzen zu Beginn des Spieles im Kreis auf dem Boden. Sie sprechen und bewegen gemeinsam den Reim.

In der Stadt, da ist es laut. An allen Ecken wird gebaut.	*Sich die Ohren zuhalten.*
Wir fahren heut aufs Land hinaus- denn dort steht unser kleines Haus.	*Mit einem imaginären Lenkrad lenken.*
Die Sonne scheint heiß auf das Dach und wir schwitzen. Doch wir müssen noch lange im Auto sitzen.	*Sich den "Schweiß" von der Stirne wischen.*
Endlich - endlich! Wir sind da! Dort steht das Haus, wie wunderbar!	*In die Hände klatschen.*
Und unter diesen großen Bäumen,	*Mit den Händen die Umrisse eines großen Baumes in die Luft zeichnen.*
da können wir so herrlich träumen.	*Mit den Händen eine Schlafgeste an der linken Wange ausführen.*

Die Wiese liegt gleich hinterm Haus, dort toben wir uns richtig aus: II: laufen, flitzen ist nicht schwer, dann hüpfen wir, mal kreuz, mal quer.:II	*Aufstehen.* *Durch den Raum laufen und hüpfen.*
Jetzt legen wir uns in das Gras, denn auf der Wiese tut sich was!	*Auf den Boden legen.*
Ein sanfter Wind weht übers Land und streichelt uns mit seiner Hand.	*Mit einem Tuch über die Kinder streichen.*
In der klaren Sommerluft weht ein zarter Blütenduft.	
Wir hören, wie die Bienen summen und wie die dicken Hummeln brummen.	

Es schwirren und tanzen die Mücken und nach wenigen Augenblicken juckts und kribbelts fürchterlich. Sie stechen mich und stechen dich.	*Mit dem Zeigefinger sich und das Nachbarkind leicht antippen.*
Ameisen krabbeln an uns rum,	*Eine Hand krabbelt auf dem Bauch herum.*
da wird es uns dann doch zu dumm. Wir laufen schnell zum Haus zurück, dort gibt es Kuchen, sieben Stück.	*Aufstehen und laufen. Die Kinder setzen sich in den Kreis und reiben sich den Bauch.*

Das Käferlein im Sonnenschein (Spiellied)

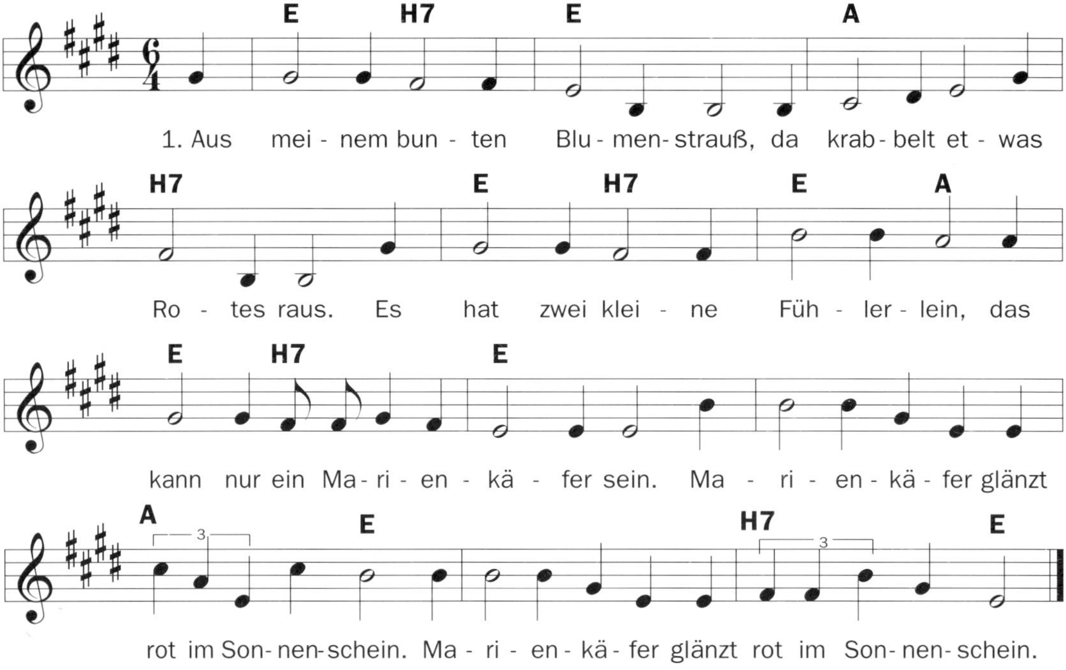

Die Kinder sitzen im Kreis und halten in der linken Hand einige bunte Tücher als Blumenstrauß. Sie singen und bewegen gemeinsam das Lied.

1.
Aus meinem bunten Blumenstrauß,
da krabbelt etwas Rotes raus.

Die linke Hand hält den Blumenstrauß. Die rechte Hand als Käferlein krabbelt aus dem "Blumenstrauß" heraus.

Es hat zwei kleine Fühlerlein,
das kann doch nur ein Marienkäfer sein.

Zeige- und Mittelfinger als Fühler leicht bewegen.

Refrain :
II: Marienkäfer -
glänzt rot im Sonnenschein.:II

Das "Käferlein" krabbelt den linken Arm hinauf.

2.
Ich laufe auf die Wiese raus

Aufstehen und in den Raum laufen.

ich setze mich und ruh mich aus.

Alle setzen sich hin.

Da krabbelt was den Arm hinauf,
ist rot und hat viele schwarze Punkte drauf.

Die rechte Hand als Käfer krabbelt den linken Arm hinauf.

Refrain :
II: Marienkäfer -
sonnt sich im Sonnenschein.:II

"Käfer" krabbelt den linken Arm hinunter.

3.
Er krabbelt auf dem Arm herum,
doch langsam wird es ihm zu dumm.

"Käfer" krabbelt weiter.

Er plustert seine Flügel auf -

Die Finger abwechselnd spreizen und zur Faust bilden.

und fliegt schnell weg
und ich komme mit und lauf.

"Käfer" fliegt weg, indem er die Finger als Flügel rasch auf und ab bewegt.

Refrain :
II: Marienkäfer -
fliegt in den Sonnenschein.:II

Alle stehen auf und laufen durch den Raum. Dabei fliegt die rechte Hand als Käfer mit.

Kribbel - krabbel Käferlein (Tanz/Bewegungsmusik)

Spielabfolge : Teil A – Teil B – Teil A – Teil B – Teil A

Als Bewegungsspiel :
Teil A : Die Kinder krabbeln als Käfer auf allen Vieren im Raum herum.
Teil B : Die “Käfer” suchen sich einen anderen “Käfer”. Dabei die Hände als Fühler an den Kopf halten. Die “Käfer” tasten sich mit den Fühlern gegenseitig ab.

Die Teile A, B werden noch einmal wiederholt.
Beim letzten Teil A krabbeln die “Käfer” auf allen Vieren in ihr Käferloch (z.B. Sitzkreis).

Als Tanz :
Die Kinder stehen mit gefassten Händen im Kreis.
Teil A : Die Kinder laufen nach links im Kreis.
Bei der Wiederholung – nach rechts im Kreis.
Teil B : Die Kinder bilden Paare. Dabei halten sie die gestreckten Hände als Fühler an den Kopf. Die "Käfer" tasten sich mit den Fühlern gegenseitig ab.

Die Teile A, B werden noch einmal wiederholt.
Beim letzten Teil A haken sich die Paare unter und hüpfen am Platz im Kreis oder die Kinder wiederholen es in beliebiger Reihenfolge.

Besuch bei den Tieren (Spiellied)

Die Kinder stehen im Kreis. Zu jeder Strophe spielen zwei oder drei Kinder die Tiere in der Kreismitte. Sie singen und bewegen gemeinsam das Lied.

1.
Heute besuch ich die Bären im Wald.
Sie stampfen zum Tanze - es ist ihnen kalt.

Die "Bären" stehen im Kreis und tanzen zum Lied. Die anderen Kinder stampfen im Kreis um die "Bären" herum.

II:Brumm, brumm, brumm.:II

Stehenbleiben und im Liedrhythmus stampfen.

2.
Heute besuch ich die Katzen im Gras.
Sie buckeln und maunzen,
das macht ihnen Spaß.

Die "Katzen" bewegen sich auf allen Vieren in der Kreismitte. Sie buckeln und maunzen. Die anderen Kinder schleichen im Kreis um die "Katzen" herum .

II:Miau, mau, mau.:II

Stehenbleiben und im Liedrhythmus katzenhaft den imaginären Schnurrbart putzen.

3.
Heute besuch ich die Schlangen im Nest.
Sie schlängeln und züngeln
und halten sich fest.

Die "Schlangen" schlängeln sich auf dem Bauch in der Kreismitte. Dann halten sie sich gegenseitig fest. Die anderen Kinder bewegen sich mit schlangenartigen Bewegungen im Kreis um die "Schlangen".

II:Sss, sss, sss.:II

Stehenbleiben und sich im Liedrhythmus schlangenartig bewegen.

4.

Heute besuch ich die Hunde im Haus.
Sie bellen und jaulen, das hält keiner aus !

Die "Hunde" tappen in der Kreismitte herum. Dabei bellen und jaulen sie. Die anderen Kinder gehen im Kreis um die "Hunde" herum und halten sich die Ohren zu.

II:Jaul, wau, wau.:II

Stehenbleiben und im Liedrhythmus klatschen oder mit den Händen auf den Boden patschen.

5.

Heute besuch ich die Spatzen im Busch.

Die "Spatzen" hocken in der Kreismitte und piepsen aufgeregt. Die anderen Kinder laufen mit kleinen Schritten um die "Spatzen" herum.

Sie tschirpen und fliegen dann weg :
husch - husch - husch.

Die "Spatzen" stehen auf und fliegen mit kleinen, raschen Armbewegungen.

II:Fiep, piep, piep.:II

Stehenbleiben. Alle bilden mit den Händen einen Schnabel, den sie im Liedrhythmus öffnen.

Tanz der Bären (Tanz/Bewegungsmusik)

Spielabfolge : Vorspiel – Teil A – Teil B – Teil A

Die Kinder bilden Paare, stellen sich nebeneinander auf die Kreisbahn und fassen sich an der Hand. Das Gesicht ist in die Tanzrichtung (linksherum) gerichtet. Das Vorspiel erklingt und die Kinder warten.

Teil A : Die Paare stampfen 16 Schritte (siehe Noten bei >) nach links auf der Kreisbahn.
Bei der Wiederholung nach rechts.
Teil B : Die Paare stampfen 8 Schritte in den Kreis hinein und 8 Schritte rückwärts aus dem Kreis heraus.
Bei der Wiederholung legen die Paare ihre Handflächen gegenseitig aneinander. Sie gehen am Platz mit 8 Schritten linksherum, dann mit 8 Schritten rechtsherum.
Teil A : Die Kinder bilden einen engen Kreis und legen sich gegenseitig die Hände auf die Schultern. Sie stampfen 8 Schritte im seitlichen Anstellschritt nach links und bei der Wiederholung nach rechts.

Zur Vereinfachung kann im Teil A und B nur eine Ausführungsmöglichkeit getanzt werden.

Weiche Tatze - Schmusekatze (Reim und Bewegungsspiel)

Die Kinder sitzen zu Beginn des Spieles im Kniesitz auf dem Boden. Sie sprechen und bewegen gemeinsam den Reim.

Pinka, so heißt meine Katze.	*Die Kinder streicheln einen Oberschenkel.*
Sie hat eine weiße Tatze.	*Eine Hand als Tatze scheinbar "lecken".*
Glänzend ist ihr schwarzes Fell.	*Sich mit überkreuzten Armen die Schultern streicheln.*
Laufen kann die Pinka schnell.	*Schnell aufstehen und durch den Raum laufen.*
Sucht in unserm ganzen Haus	*Weiterlaufen.*
jeden Tag nach einer Maus.	*Auf allen Vieren in Lauerhaltung nach einer Maus Ausschau halten.*
Mit den weichen Katzentatzen wird mich Pinka niemals kratzen.	*Abwechselnd mit der rechten oder linken Hand als Tatze den Boden sanft berühren.*
Mieze - mause Schmusekatz springt mir nach mit einem Satz.	*Bei "Satz" aus der Hocke aufspringen.*

Schmi - schma - Schmusekatz (Spiellied)

Die Kinder sitzen im Kreis und haben vor sich ein Tuch oder Fell als Katze vor sich liegen. Sie singen und bewegen gemeinsam das Lied.

1.
Ich laufe aus dem Haus hinaus
und schau nach meinen Freunden aus.
Die schwarze Katz läuft hinterher-
mit ihr zu spielen mag ich sehr.
Refrain:
Schmi - schma - Schmusekatz,
springst mir nach mit einem Satz !

Schmi - schma - Schmusekatz -
mit einem großen Satz !

Aus dem Sitzkreis herauslaufen, dabei die "Katze" hinter sich herziehen.
Schaugeste.
Anhalten und die "Katze" streicheln.

Im Liedrhythmus die "Katze" streicheln.
Das Tuch rasch leicht hin - und herbewegen.
Bei "Satz" das Tuch/Fell schnell hochwerfen und auffangen.
Wiederholen.

2. Verschwitzt sitz ich auf einem Stein. Ja eine Pause, die muß sein. Die schwarze Katze schleicht sich an - und streichelt meine Beine dann. Refrain: Siehe oben.	 *In die Hocke setzen und sich mit dem Handrücken den "Schweiß" von der Stirne wischen.* *Das Tuch/Fell langsam ringsherum um die Beine ziehen.* *Siehe oben.*
3. Am Abend komm ich müde heim und schlüpfe schnell ins Bett hinein. Dort wartet schon die Katz auf mich, ihr Fell ist weich und kuschelig. Refrain : Schmi - schma - Schmusekatz, sprang mir nach mit einem Satz ! Schmi - schma - Schmusekatz - mit einem großen Satz !	 *In den Sitzkreis zurückgehen und sich hinlegen.* *Die "Katze" streicheln.* *Die "Katze" streicheln.*

Spielvariante : Das Spiellied kann als Eltern/Kind-Spiel oder Rollenspiel zu zweit durchgeführt werden. Einer spielt die Katze und der andere das Kind.

Der Schlängeltanz (Tanz/Bewegungsmusik)

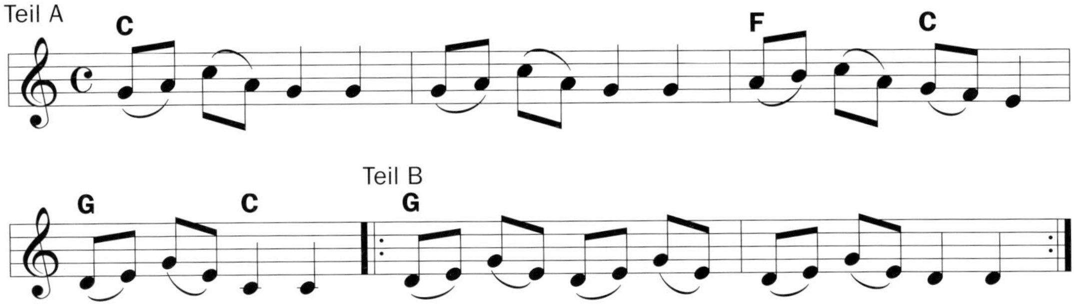

Spielabfolge : Teil A – Teil B – Teil A – Teil B – Teil A

Die Kinder stehen im Kreis mit dem Rücken zur Kreismitte. Jedes Kind hat seine Handflächen aneinander gelegt.

Teil A : Die Kinder bewegen sich mit schlangenhaften Bewegungen am Platz im Kreis.
Teil B : Die Kinder legen sich mit dem Bauch auf den Boden und schlängeln sich in die Kreismitte.
Teil A : Die Kinder umschlingen sich gegenseitig an Armen und Beinen.

Die Teile B und A werden noch einmal wiederholt und/oder die Kinder können eigene Tanz- und Bewegungsformen erfinden.

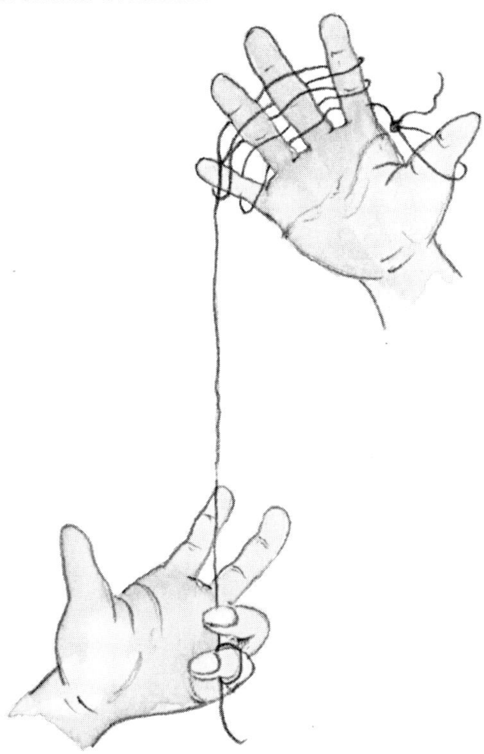

Kleine Spinne - spinne fein (Spiellied)

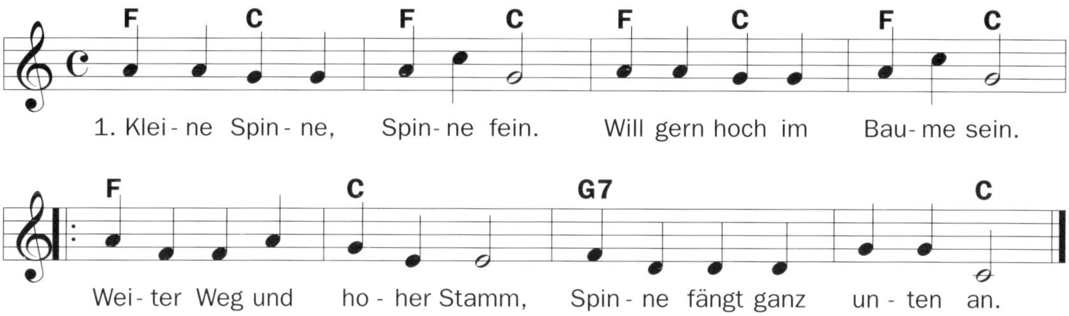

Die Kinder sitzen im Kreis und haben einen 1,20 bis 1,50 m langen dicken Wollfaden oder ein Litzenseil als Spinnenfaden vor sich liegen. Sie singen und bewegen gemeinsam das Lied.

1.
Kleine Spinne, Spinne fein.
Will gern hoch im Baume sein.

Linken Ellenbogen auf den linken Oberschenkel stützen. Unterarm (=Baumstamm) senkrecht halten und die Finger (=Baumkrone) spreizen.

II:Weiter Weg und hoher Stamm,
Spinne fängt ganz unten an.:II

Rechte Hand krabbelt als Spinne mit raschen Fingerbewegungen den Baumstamm hinauf.

2.
Kleine Spinne, ganz allein,
Krabbelbein auf Krabbelbein.

"Spinne" krabbelt in die Baumkrone.

II:Sie schaut hoch und nicht zurück,
denn sonst wird ihr schwindelig.:II

"Spinne" krabbelt nach links und rechts.

3.
Kleine Spinne, spinne fein.

Den "Spinnenfaden" um jeden Finger der linken Hand weben.

Muß nun richtig fleißig sein.

Mehrfach hin- und herweben.

II:Webt ihr Netz, webt hin und her,
so ein Spinnennetz geht schwer.:II

4.
Kleine Spinne, Spinne fein,
wärmt sich jetzt im Sonnenschein.
II:Freut sich übers Sonnenrot,
wartet auf ihr Abendbrot.:II

Die "Spinne" lässt sich an einem kurzen Stück "Spinnenfaden" hinuntergleiten und schaukelt leicht hin- und her.

Spielvariante : Als Eltern/Kind - Spiel setzt sich ein Elternteil dem Kind gegenüber. Das Kind stellt mit einem Arm den Baum dar und der Elternteil spielt die Spinne und spinnt das Netz.
Rollenwechsel.

Ich bin die graue Gans (Spiellied)

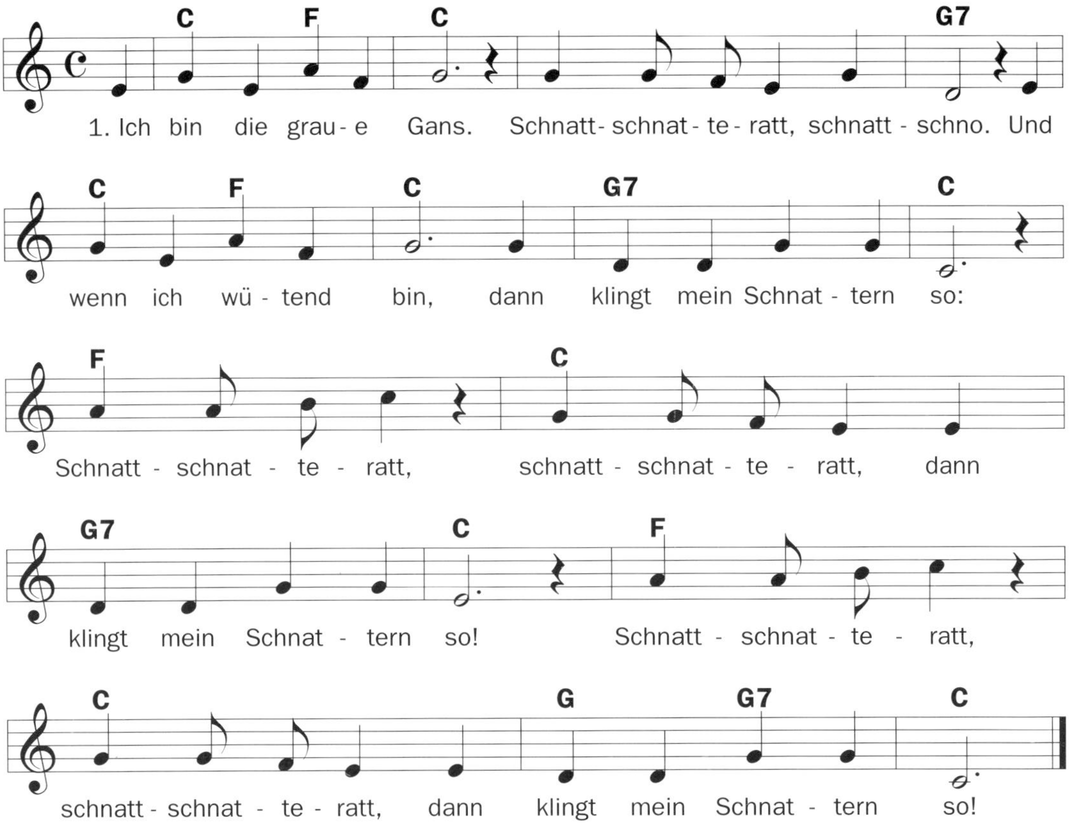

1.
Ich bin die graue Gans.
Schnatt - schnatteratt - schnatt - schno.
Und wenn ich wütend bin,
dann klingt mein Schnattern so.
Refrain :
Schnatt - schnatteratt,
schnatt - schnatteratt,
dann klingt mein Schnattern so!

Mit dem Zeigefinger auf sich zeigen.

Die Fäuste vor der Brust ballen und wütend umherblicken.

Wütend schnattern.

2.
Ich bin die graue Gans.
Schnatt - schnatteratt - schnatt - schno.
Und wenn ich traurig bin,
dann klingt mein Schnattern so.
Refrain :
Schnatt - schnatteratt,
Schnatt - schnatteratt,
dann klingt mein Schnattern so!

Mit dem Zeigefinger auf sich zeigen.

Sich mit einer Hand unter einem Auge reiben.

Traurig schnattern.

3.

Ich bin die graue Gans.	*Mit dem Zeigefinger auf sich zeigen.*
Schnatt - schnatteratt - schnatt - schno.	
Und wenn ich fröhlich bin, dann klingt mein Schnattern so.	*Mit Armen und Oberkörper fröhlich schwingen.*
Refrain :	
Schnatt - schnatteratt, schnatt - schnatteratt, dann klingt mein Schnattern so!	*Fröhlich schnattern.*

4.

Ich bin die graue Gans.	*Mit dem Zeigefinger auf sich zeigen.*
Schnatt - schnatteratt - schnatt - schno.	
Und wenn ich müde bin, dann klingt mein Schnattern so.	*Sich müde die Augen reiben.*
Refrain :	
Schnatt - schnatteratt, schnatt - schnatteratt, dann klingt mein Schnattern so!	*Müde schnattern.*

Klipp - klapp Klapperstorch (Reim und Bewegungsspiel)

Die Kinder stehen im Raum verteilt und haben ein Paar Klanghölzchen in der Hand. Sie sprechen und bewegen gemeinsam den Reim.

Bleib mal stehn und horch:	*Hörgeste.*
Klipp - klapp Klapperstorch.	*Im Sprechrhythmus auf den Klanghölzchen spielen.*
Weiße Federn, rote Beine. Frisst gern Frösche, auch ganz kleine.	*Als Storch durch den Raum stolzieren. Die gestreckten Arme sind waagrecht als Schnabel übereinander gestreckt.*
Und sein roter, langer Schnabel ist so spitz wie eine Gabel.	*Die Arme weiterhin gestreckt halten und mit den Klanghölzchen am Boden (Teich) nach Fröschen suchen.*
Hört doch nur und schaut:	*Hör- und Schaugeste.*
jetzt klappert er ganz laut!	*Mit gestreckten Armen als Schnabel rasch auf den Klanghölzchen spielen.*
Bleib mal stehn und horch:	*Hörgesten.*
Klipp - klapp Klapperstorch.	*Im Sprechrhythmus auf den Klanghölzchen spielen.*

Der Reim kann natürlich ebenso ohne Klanghölzchen gespielt werden. Wir "klappern" dann mit den Handflächen.

Die Ziege Meck - meck - meck (Spiellied)

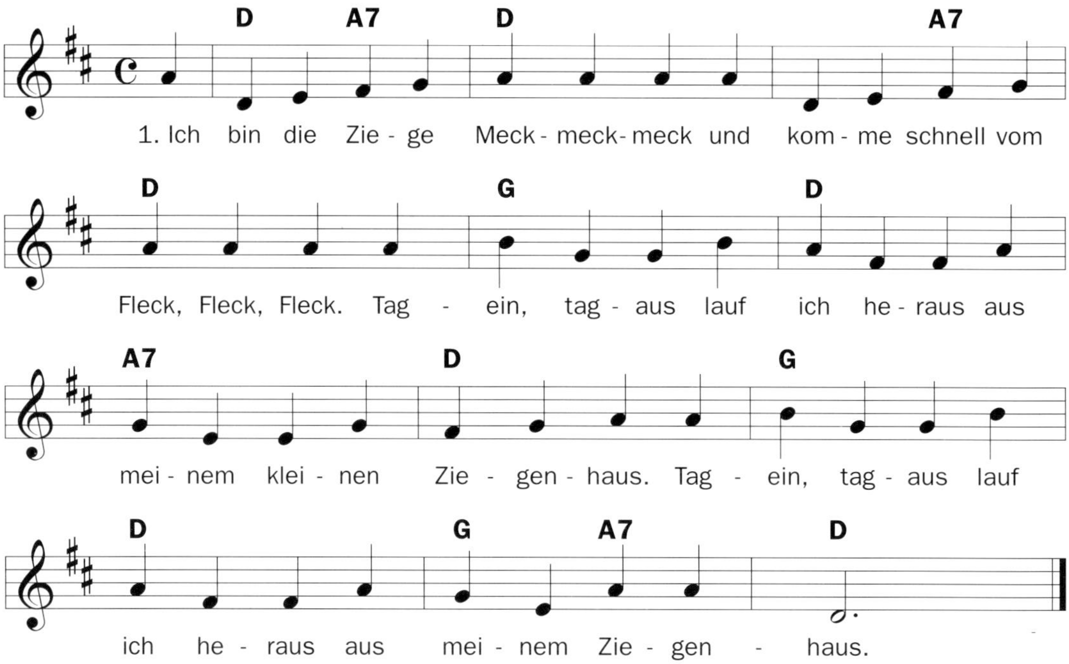

Die Kinder sitzen im Kreis. Als Steg liegen zwei Seile parallel im Abstand von ca.10 cm im Raum. Die Kinder singen und bewegen gemeinsam das Lied.

1.
Ich bin die Ziege Meck - meck - meck
und komme schnell vom Fleck, Fleck, Fleck.

Mit dem Zeigefinger auf sich zeigen. Aufstehen und durch den Raum laufen.
Bei "Meck - meck - meck" und "Fleck, Fleck, Fleck" im Liedrhythmus klatschen.

Tagein, tagaus lauf ich heraus
aus meinem kleinen Ziegenhaus.
Tagein, tagaus lauf ich heraus
aus meinem Ziegenhaus.

2.
Ich bin die Ziege Meck - meck - meck
und komme schnell vom Fleck, Fleck, Fleck.

Mit dem Zeigefinger auf sich zeigen und laufen. Im Liedrhythmus bei "Meck" und "Fleck" klatschen.

Ein Bach versperrt mir nun den Weg,
zum Glück gibts einen schmalen Steg.
Ein Bach versperrt mir nun den Weg,
doch da gibts einen Steg.

Langsam über den "Steg" balancieren.

3.
Ich bin die Ziege Meck - meck - meck
und komme schnell vom Fleck, Fleck, Fleck.

Mit dem Zeigefinger auf sich zeigen und laufen. Im Liedrhythmus bei "Meck" und "Fleck" klatschen.

Jetzt hüpfe ich von Stein zu Stein,
da muss ich flink und mutig sein.
Jetzt hüpfe ich von Stein zu Stein,
muss flink und mutig sein.

Durch den Raum hüpfen.

4.
Ich bin die Ziege Meck - meck - meck
und komme schnell vom Fleck, Fleck, Fleck.

Mit dem Zeigefinger auf sich zeigen und laufen. Im Liedrhythmus bei "Meck" und "Fleck" klatschen.

Ich geh hopp - hopp zurück nach Haus
und ruhe mich vom Laufen aus.
Ich geh hopp - hopp zurück nach Haus,
ruh mich vom Laufen aus.

Zurück in den Sitzkreis laufen.

Alle setzen sich hin.

Der Ziegen - Hüpf - Tanz (Tanz/Bewegungsmusik)

Spielabfolge: Teil A – Teil B – Teil A – Teil B – Teil A

Als Bewegungsspiel:
Teil A : Die Kinder hüpfen kreuz und quer durch den Raum.
Teil B : Die Kinder hüpfen am Platz und klatschen den Rhythmus dazu.
Teil A : Die Kinder hüpfen kreuz und quer durch den Raum.

Die Teile B und A werden wiederholt oder die Kinder setzen eigene Ideen in Bewegung um.

Als Tanz:

Die Kinder stehen im Kreis.

Teil A : Die Kinder hüpfen mit gefassten Händen 16 mal nach links und dann 16 mal nach rechts im Kreis.

Teil B : Die Kinder bilden Paare und haken sich mit dem rechten Arm ein. Sie hüpfen am Platz 8 mal nach rechts, haken sich rasch links ein und hüpfen 8 mal nach links.

Teil A : Die Kinder hüpfen 4 mal in den Kreis und 4 mal rückwärts aus dem Kreis heraus. Dann hüpfen sie am Platz im Kreis und klatschen den Tanzrhythmus mit den Händen.

Teil B und Teil A wiederholen.

men
Zoohandlung
Südwall
Alles für Ihr Tier
8
Könic
MODE

In der großen Stadt

In der großen Stadt (Spiellied)

1.	
Die Stadt, die ist so riesengroß. Den ganzen Tag ist etwas los.	*Mit den Armen einen großen Kreis beschreiben. Mit den Händen gestikulieren.*
Mit vielen Autos auf den Straßen. In großen Parks mit grünem Rasen.	*Mit einem Fantasielenkrad lenken. Jeweils die Hände waagrecht nach außen bewegen.*
Refr: II:Durch die Stadt geh ich so gerne, weil ich dabei so viel lerne.:II	*Im Liedrhythmus auf die Oberschenkel patschen. Sich bei "lerne" an die Stirn tippen.*
2.	
Die Stadt, die ist so riesengroß. Den ganzen Tag ist etwas los.	*Mit den Armen einen großen Kreis beschreiben. Mit den Händen gestikulieren.*
Ich laufe über breite Brücken. Auf große Schiffe kann ich blicken.	*Im Liedrhythmus auf die Oberschenkel patschen. Schaugeste.*
Refr: II:Über Brücken geh ich gerne, weil ich dabei so viel lerne.:II	*Im Liedrhythmus auf die Oberschenkel patschen. Sich bei "lerne" an die Stirn tippen.*
3.	
Die Stadt, die ist so riesengroß. Den ganzen Tag ist etwas los.	*Mit den Armen einen großen Kreis beschreiben. Mit den Händen gestikulieren.*
Dahinten wird ein Haus gebaut. Im Park, da bellt ein Hund ganz laut!	*Mit einem Fantasiehammer hämmern. Bellen.*
Refr: II:Durch die Straßen geh ich gerne, weil ich dabei so viel lerne.:II	*Im Liedrhythmus auf die Oberschenkel patschen. Sich bei "lerne" an die Stirn tippen.*

4.
Die Stadt, die ist so riesengroß.
Den ganzen Tag ist etwas los.

Mit den Armen einen großen Kreis beschreiben. Mit den Händen gestikulieren.

Die Straßenbahn fährt kreuz und quer
und darin fahr ich gern umher.

Mit rhythmischen Ruckelbewegungen des Oberkörpers das Ruckeln und Zuckeln der Straßenbahn nachahmen.

Refr: II:Straßenbahn fahr ich so gerne,
weil ich dabei so viel lerne.:II

Sich bei "lerne" an die Stirn tippen.

Das Lied kann jedoch ebenso im Raum gespielt werden.

Im Stadtpark (Tanz/Bewegungsmusik)

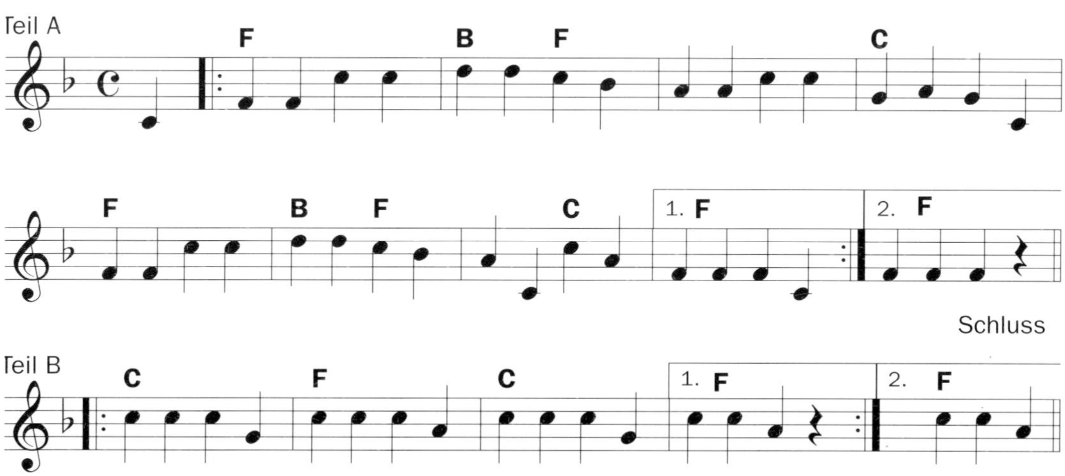

Spielabfolge: Teil A – Teil B – Teil A – Teil B – Teil A

Bewegungsspiel
Teil A : Die Kinder laufen kreuz und quer durch den Raum.
Teil B : Die Kinder bilden rasch Paare, haken sich unter und drehen sich im Kreis.
Teil A : Die Kinder laufen wieder allein kreuz und quer durch den Raum.

Das Spiel mehrmals wiederholen. Bei Teil B drehen sich die Kinder bei jeder Wiederholung mit einem anderen Kind im Kreis.

Wie unheimlich!

Geisterstunde (Reim und Handgestenspiel)

Liebe Kinder, hört gut zu -
Hörgeste.
heute Nacht zur Geisterstunde
mach ich alle Fenster zu.
Imaginäre Fensterläden schließen.

Manchmal rüttelt wer am Fenster,
Rüttelbewegungen mit den Fäusten machen.

und ich denk, ich seh Gespenster.
Erstaunte Schaugeste.
Kichern hör ich und seh Lichter -
schadenfreudige Gesichter !

Liebe Kinder hört gut zu -
Hörgeste.
heute Nacht zur Geisterstunde
hab ich endlich meine Ruh.
Mit den Händen eine Schlafgeste an der Wange ausführen.

Die Schlossgespensterchen (Spiellied)

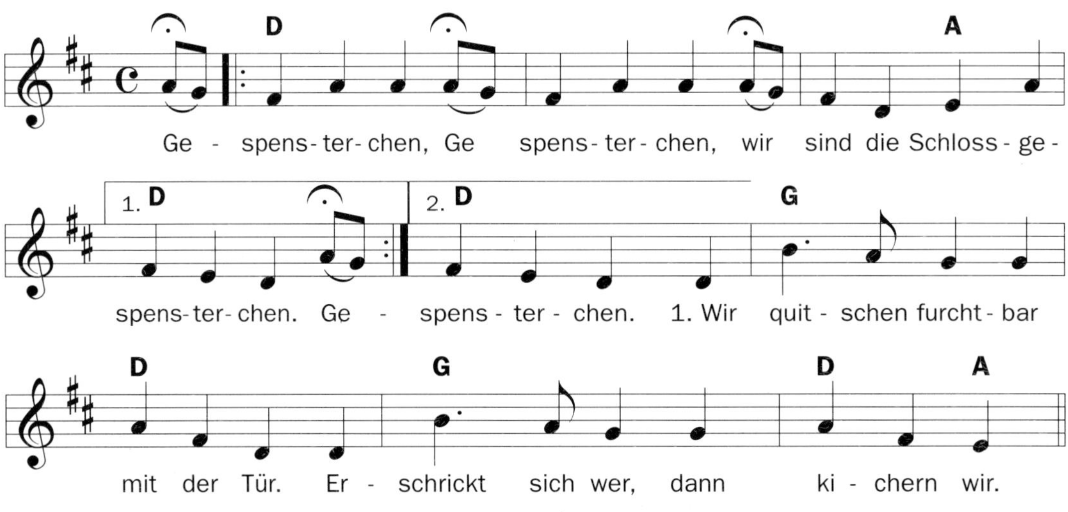

Die Kinder stehen im Kreis und haben sich mit weißen Tüchern oder alten Vorhängen als Gespenster verkleidet. Sie singen und bewegen gemeinsam das Lied.

Refrain
II:Gespensterchen, Gespensterchen,
wir sind die Schlossgespensterchen.:II
Die Arme hin- und herbewegen und dabei herumtanzen.

1. Wir quietschen furchtbar mit der Tür. Erschrickt sich wer, dann kichern wir. *Refrain*	 *Mit einer Fantasietür quietschen.* *Alle "Gespenster" kichern.* *Siehe oben.*
2. Wir tanzen gern im Mondenschein und schauen dann zum Fenster rein. *Refrain*	 *Die "Gespenster" tanzen hin und her.* *Das Gesicht an eine Fantasiescheibe pressen. Ebenso die Hände an die "Scheibe" halten.* *Siehe oben.*
3. Wir rufen : "Huh" und heulen : "Aah" und plötzlich sind wir nicht mehr da ! *Refrain*	 *Die "Gespenster" halten die Hände als Rufgeste an den Mund.* *Alle machen sich plötzlich ganz klein.* *Siehe oben.*

Am Abend

Schribbel - schrabbel Zähneputzen (Spiellied)

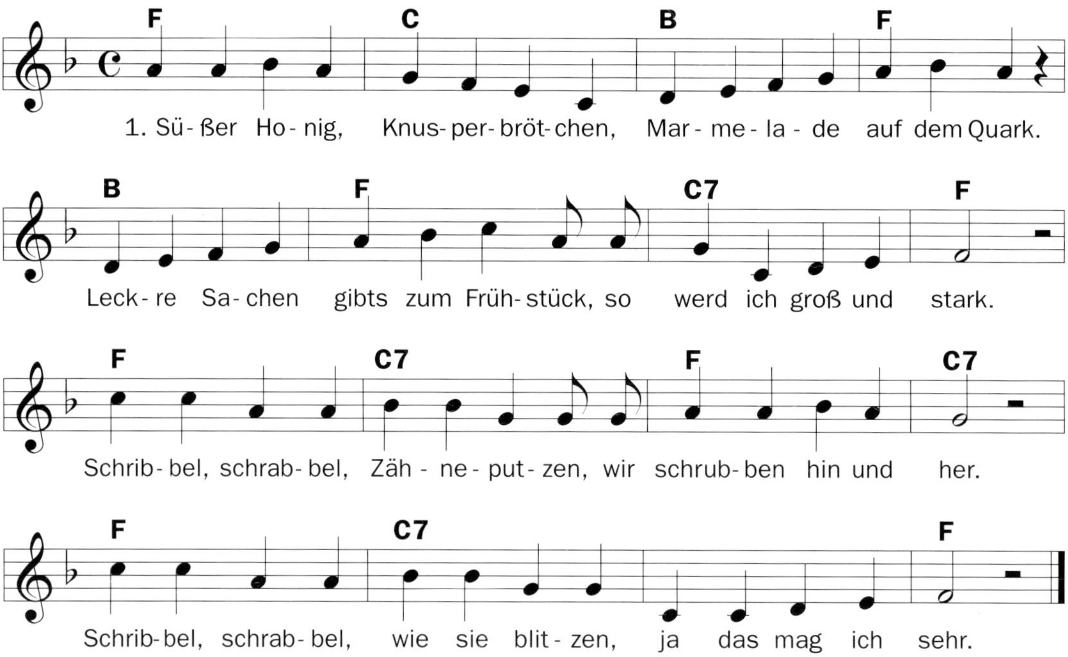

1.
Süßer Honig, Knusperbrötchen,
Marmelade auf dem Quark.
Leck're Sachen gibts zum Frühstück,
so werd ich groß und stark.

Mit den Händen auf das imaginäre Essen vor sich zeigen.
Sich den Bauch reiben.
Sich groß machen und mit den Armmuskeln spielen.

Refrain

Schribbel - schrabbel Zähneputzen,
wir schrubben hin und her.

Mit dem waagrecht gestreckten Zeigefinger (=Zahnbürste) kreisförmige Putzbewegungen vor dem Mund machen.

Schribbel - schrabbel, wie sie blitzen,
ja das mag ich sehr.

Mit dem anderen Zeigefinger "putzen".

2.
Nudeln mit Tomatensoße
stehen auf dem Mittagstisch.
Manchmal gibt es Wiener Würstchen
und freitags auch mal Fisch.

Drehbewegungen mit der Gabel machen.
Eine imaginäre Gabel zum Mund führen.

Refrain

Siehe oben.

3. Zum Geburtstag wünsche ich mir eine Schüssel mit Pommes frites. Und ´nen Schokoladenkuchen, da essen alle mit.	*Mit den Armen einen großen Kreis (=Schüssel) vor dem Körper bilden.* *Sich den Bauch reiben.* *Rasche Essbewegungen mit einer imaginären Kuchengabel.*
Refrain	*Siehe oben.*
4. Süßigkeiten schmecken lecker, aber Bratwurst mag ich auch. Alles kauen meine Zähne - und dann gehts in den Bauch.	*Mit der Hand nach rechts zeigen.* *Mit der Hand nach links zeigen.* *Auf den Mund zeigen, dann mit der Hand den Hals hinunter bis zum Bauch streichen.*
Refrain	*Siehe oben.*

Mein liebstes Kuscheltier (Spiellied)

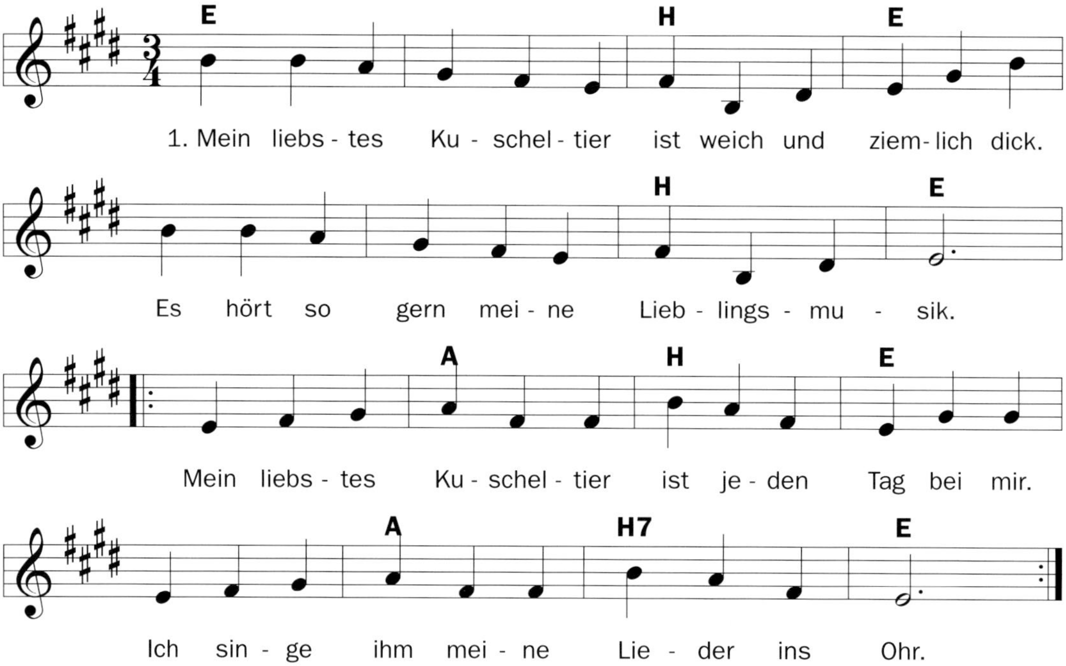

Die Kinder stehen im Kreis und halten ein Kuscheltier im Arm. Sie singen und bewegen gemeinsam das Lied.

1.	
Mein liebstes Kuscheltier ist weich und ziemlich dick. Es hört so gern meine Lieblingsmusik.	*Das Kuscheltier umarmen.*
Refrain :	
II: Mein liebstes Kuscheltier ist jeden Tag bei mir.	*Das Kuscheltier mit den Armen wiegen.*
Ich singe ihm meine Lieder ins Ohr. :II	*In ein Ohr des Kuscheltieres singen.*
2.	
Ich hol mein Kuscheltier, wenn ich mal Ruhe brauch.	*Sich mit dem Kuscheltier hinsetzen.*
Es tröstet mich und es streichelt mich auch.	*Seine Nase an der Nase des Kuscheltieres reiben.*
Refrain :	
II:Mein liebstes Kuscheltier tröstet mich ab und zu.	*Das Kuscheltier streicheln.*
Es streichelt mein Gesicht und ich schlaf ein.:II	*Sich hinlegen und das Gesicht an das Kuscheltier kuscheln.*

3.
Mein liebstes Kuscheltier schläft nachts in meinem Arm.

Im Liegen das Kuscheltier streicheln.

In meinem Bett ist es weich und ganz warm.
Refrain :
II: Mein liebstes Kuscheltier schläft jede Nacht bei mir.
Es träumt mit mir allein und schlummert ein.:II

Das Kuscheltier an sich drücken und sich hin- und herwiegen.

Mein Kuscheltier will schlafen (Tanz/Bewegungsmusik)

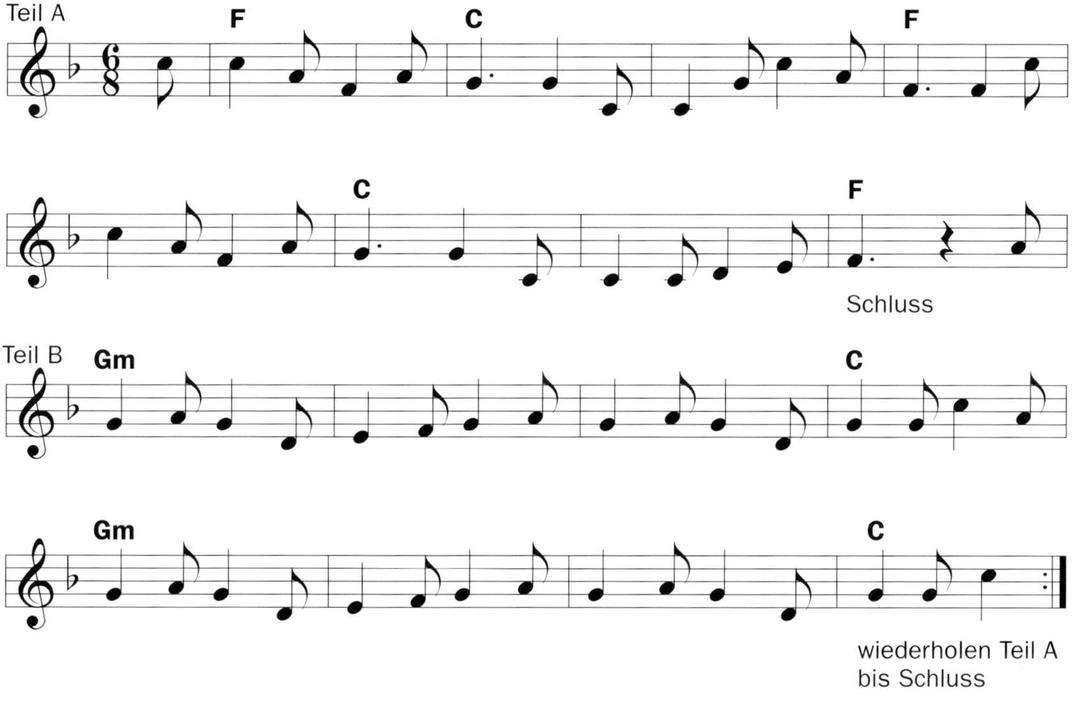

Spielabfolge : Teil A – Teil B – Teil A

Teil A :
Die Kinder haben ein Kuscheltier im Arm und wiegen es hin und her.
Teil B :
Die Kinder gehen langsam mit dem Kuscheltier durch den Raum und wiegen es hin und her.
Teil A :
Die Kinder bleiben stehen. Sie legen sich mit dem Kuscheltier auf den Boden und streicheln es.

Ich schlaf ein (Lied)

1.	
Bin gesprungen und gelaufen, war mit Mama Brötchen kaufen.	*Mit den Händen abwechselnd auf die Oberschenkel patschen.*
Hab beim Bäcker selbst bezahlt	*Fantasiegeld geben.*
und ein tolles Bild gemalt.	*Auf einem imaginären Blatt malen.*
Refrain :	
II: Müde, ich schlafe gleich ein - doch da fällt mir noch etwas Neues ein.:II	*Mit den Händen eine Schlafgeste an die Wange halten. Bei "Neues" den Kopf wieder rasch senkrecht halten.*
2.	
Mittags gab´s mein Lieblingsessen, Mama hat es nicht vergessen!	*Sich mit der Hand den Bauch reiben.*
Hab gesungen und gelacht	*In die Hände klatschen.*
und etwas zur Post gebracht.	*Mit den Händen abwechselnd auf die Oberschenkel patschen.*
Refrain :	*Siehe oben.*
3.	
Oma kam uns auch besuchen, brachte leck´ren Apfelkuchen.	*Arme ausbreiten und dann schließen.*
Opa spielte mit mir dann mit der alten Eisenbahn.	*Eine Fantasieeisenbahn vor sich herschieben.*
Refrain :	*Siehe oben.*

Traumzauber (Ruhemusik/Bewegungsmusik)

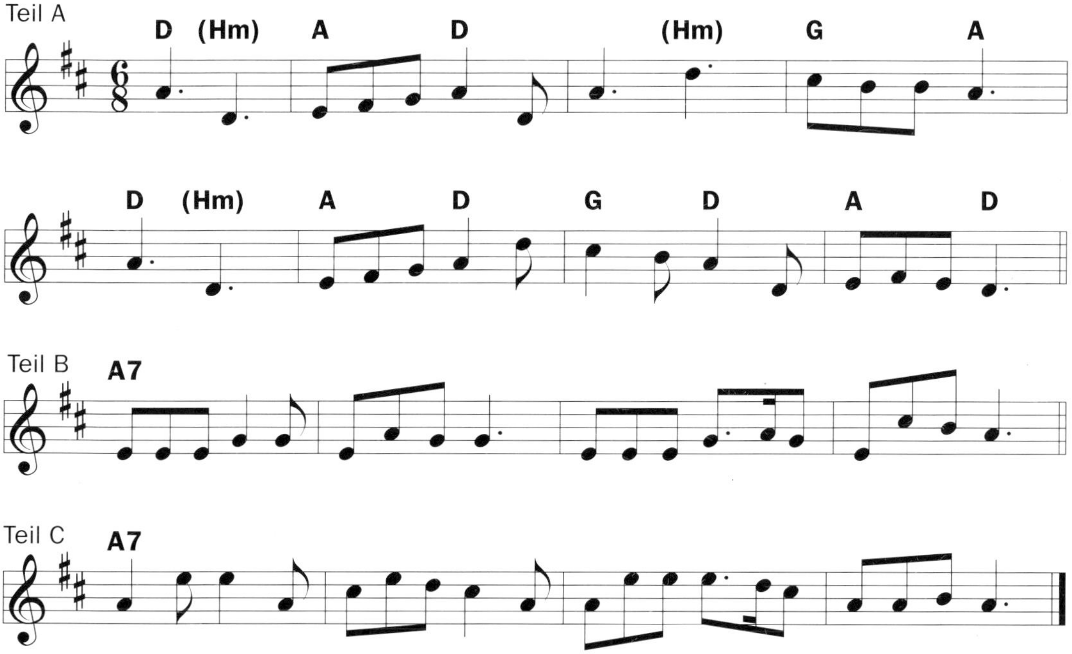

Spielabfolge : Teil A – Teil B – Teil A – Teil C – Teil A

Die Musik kann als Ruhemusik verwendet werden. Oder die Kinder verkleiden sich mit Tüchern oder Klamotten zu phantasievollen Traumfiguren und bewegen sich zur Musik.

Register
nach Titeln und Liedanfängen

Sabine Hirler arbeitet als Rhythmik- und Instrumentallehrerin in allen Altersstufen und mit behinderten Kindern und Erwachsenen. Außerdem ist sie in der Ausbildung von Heilpädagogen und Sonderpädagogen tätig und leitet Fortbildungskurse.

Der Tonträger zum Buch

MC 592 und CD 593

Die Lieder und Texte auf dem Tonträger sind frisch und abwechslungsreich arrangiert und gesungen. Alles klingt unkompliziert und läd zum spontanen Mitsingen, Nachspielen und Ausprobieren ein.

Über 50 Minuten Spaß und beste kreative Unterhaltung!

mit allen Beiträgen zum Buch